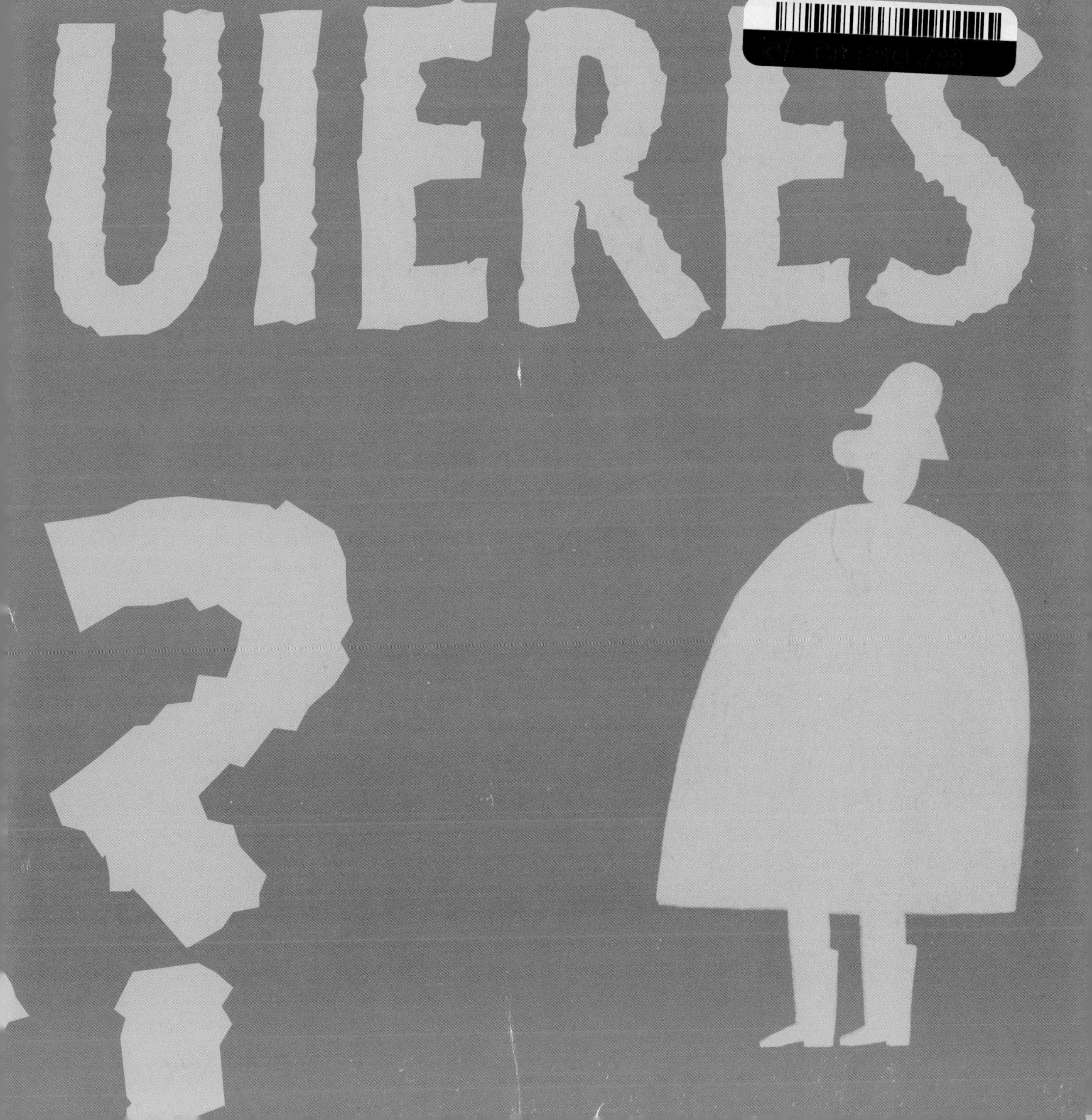
UIERES

Trabajamos

SOY BOMBERO

Montse Ganges
Christian Inaraja

Combel
EDITORIAL

www.combeleditorial.com

LOS BOMBEROS APAGAN FUEGOS
Y NOS AYUDAN CUANDO ESTAMOS
EN PELIGRO.

Los bomberos apagan fuegos
y nos ayudan cuando estamos
en peligro.

3

¿EN QUÉ VEHÍCULO VAN LOS BOMBEROS?
¿EN ELEFANTE?

¿En qué vehículo van los bomberos?
¿En elefante?

LOS BOMBEROS VAN
EN UN CAMIÓN ROJO.

Los bomberos van
en un camión rojo.

SCANIA
Emergency one
P 270
FJ59 GZF

¿CÓMO PIDEN LOS BOMBEROS
QUE LES DEJEN PASAR?
¿CON UNA TROMPETA?

¿Cómo piden los bomberos
que les dejen pasar?
¿Con una trompeta?

¡TUUUUUUT!

LOS BOMBEROS PIDEN
QUE LES DEJEN PASAR
HACIENDO SONAR LAS SIRENAS.

Los bomberos piden
que les dejen pasar
haciendo sonar las sirenas.

¡NIIII-NOOOO!
¡NIIII-NOOOO!
LELAND

¿CON QUÉ APAGAN EL FUEGO
LOS BOMBEROS?

¿Con qué apagan el fuego
los bomberos?

LOS BOMBEROS APAGAN EL FUEGO
CON UNAS MANGUERAS MUY LARGAS.

Los bomberos apagan el fuego
con unas mangueras muy largas.

FIREFIGHTER

¿CÓMO SUBEN A LO ALTO LOS BOMBEROS?
¿HACEN UNA TORRE?

¿Cómo suben a lo alto los bomberos?
¿Hacen una torre?

LOS BOMBEROS SUBEN
CON UNAS ESCALERAS QUE SE ALARGAN
PARA LLEGAR MUY ARRIBA.

Los bomberos suben
con unas escaleras que se alargan
para llegar muy arriba.

McKENZIE FIRE/RESCUE

ESTAS SON LAS HERRAMIENTAS DEL OFICIO DE BOMBERO. ¿TE ACUERDAS?

CASCO

CAMIÓN

MANGUERA

ESCALERAS

BOTAS

SIRENA

LOS BOMBEROS DESCANSAN Y SE PREPARAN EN EL PARQUE DE BOMBEROS.

LOS BOMBEROS APAGAN FUEGOS EN LOS EDIFICIOS Y EN EL BOSQUE.

Y TAMBIÉN NOS AYUDAN SI HAY ACCIDENTES.

Y A TI, ¿TE GUSTARÍA
SER BOMBERO?